Nasci para ser feliz

Celina Helena Weschenfelder

Nasci para ser feliz

Superação e otimismo

Dados Internacionais de Catalogação na Publicação (CIP)
(Câmara Brasileira do Livro, SP, Brasil)

Weschenfelder, Celina Helena
   Nasci para ser feliz : superação e otimismo / Celina Helena Weschenfelder. – São Paulo : Paulinas, 2016. (Coleção Um toque de delicadeza)

ISBN 978-85-356-4168-4

1. Fé 2. Felicidade - Aspectos religiosos 3. Motivação 4. Orações 5. Reflexão I. Título.

16-03648   CDD-248.4

Índice para catálogo sistemático:

1. Felicidade : Vida cristã : Cristianismo   248.4

1ª edição – 2016
1ª reimpressão – 2023

Direção-geral: Bernadete Boff
Editora responsável: Andréia Schweitzer
Copidesque: Cirano Dias Pelin
Coordenação de revisão: Marina Mendonça
Revisão: Ana Cecilia Mari
Gerente de produção: Felício Calegaro Neto
Projeto gráfico: Jéssica Diniz Souza
Imagens: Fotolia © Kavita – Capa; © Leonid Ikan – p. 6;
© canbedone – p. 18; © Bashkatov – p. 32;
© silver-john – p. 44; © MaciejBledowski – p. 56;
© krzysiekG – p. 68; © cocone0304 – p. 82;
© sahua d – p. 94.

Nenhuma parte desta obra poderá ser reproduzida ou transmitida por qualquer forma e/ou quaisquer meios (eletrônico ou mecânico, incluindo fotocópia e gravação) ou arquivada em qualquer sistema ou banco de dados sem permissão escrita da Editora. Direitos reservados.

Cadastre-se e receba nossas informações
www.paulinas.com.br
Telemarketing e SAC: 0800-7010081

Paulinas

Rua Dona Inácia Uchoa, 62
04110-020 – São Paulo – SP (Brasil)
📞 (11) 2125-3500
✉ editora@paulinas.com.br

© Pia Sociedade Filhas de São Paulo – São Paulo, 2016

Apresentação

Todos nós temos momentos especiais na vida: é a dor que chega sem avisar, a decepção que nos tira do sério, a perda de uma pessoa querida, a inesperada traição, a incompreensão no trabalho, nos estudos, na área profissional e na vida amorosa. Sentimo-nos sós e queremos ficar sozinhos. O sofrimento toma conta da vida. Não queremos mais ouvir ninguém.

Sou o seu amigo "livro" e chego de mansinho para dizer-lhe algumas palavras de conforto, para que você não se isole em seu sofrimento. Será que serei oportuno? Quero sussurrar-lhe algumas palavras que poderão ajudá-lo.

Esta obra é fruto de reflexão, escuta profunda, diálogo com as pessoas, silêncio profundo e oração. Não quero que seja apenas mais um livro, mas um amigo inseparável.

A autora

Dar graças

Saber agradecer cada manhã é acender uma nova luz nas rotas da nossa existência. Devemos valorizar não o que nos falta, mas o que possuímos, emitindo pensamentos e sentimentos muito mais positivos do que de costume, agradecendo por todas as oportunidades que temos de fazer o bem. Agradeça sempre pelo dom da vida, mesmo que apareçam obstáculos que pareçam intransponíveis.

No meio do seu dia, tire alguns minutos para dizer ao Criador o quanto ele é bom e misericordioso.

Conheci uma pessoa que era muito feliz, embora lhe faltasse a visão. Certa vez lhe perguntei: "Qual o segredo de ser assim contente e realizada, sem enxergar?". Ela me respondeu: "Sou muito agradecida ao bom Deus porque ainda posso viver. Tenho amigas, gosto das pessoas e procuro fazer o que posso. E, sobretudo, confio em meu Criador". Essa resposta me levou a uma longa meditação.

Saber agradecer é um sentimento que nos enobrece.

Amanhecer

Comece hoje o seu dia fazendo um relaxamento profundo para enfrentá-lo com mais serenidade e coragem. Há muito tempo um poeta escreveu: "Sente-se à beira do amanhecer e o sol nascerá para você". Sentar-se à beira do amanhecer é deixar que a vida cante uma canção para você, mesmo que tudo lhe pareça estranho e complicado.

Amanhecer significa aproximar-nos do silêncio e dar espaço para Deus falar ao coração. Assim, novas energias irão desabrochar e novos caminhos se abrirão, fortalecendo os seus passos.

Neste amanhecer, enquanto você vai para o trabalho, ou aguarda uma condução, no intervalo de uma reunião, antes de adormecer, ao acordar, antes de realizar um diálogo difícil, faça uma breve oração. Deus está com você. Ele não abandona você em momento algum.

Vale a pena fazer esta experiência, e não desista se viver alguma dificuldade neste espaço de tempo.

Aproximar-nos do silêncio
é dar espaço para Deus falar.

Abrir-se ao novo

Deixe entrar o novo em sua casa. A sua riqueza interior não lhe permite mais guardar objetos, roupas e outros bens que podem ser passados adiante.

Os bens precisam circular para não acorrentarem a nossa vida. Da mesma forma, é preciso desamarrar raivas, ódios, provocações e desejos de vingança que corroem o nosso interior, enfraquecendo as nossas energias.

Convido você para fazer uma experiência de desprendimento. Não olhe mais para trás depois que entregou a outras pessoas o que era um grande apelo em sua vida. A sensação de leveza entrará à medida que você souber "descarregar" bagagens que se acumularam com o passar dos anos.

Cada manhã nasce com novo brilho e traz sempre uma novidade. Abra-se ao Criador de todas as coisas que nos surpreende a cada instante. Descarregue tudo o que é a mais para que você fique leve, despreocupado e aberto para a vida.

A riqueza interior
permite-nos não acumular demais.

Superar momentos difíceis

Que bom começar o dia pensando em tantas coisas boas que nos acontecem. Contudo, irão aparecer também situações menos agradáveis que precisam ser enfrentadas. Por isso, identifique, com muita calma, a causa geradora do problema e situe-se diante dele. Se for necessário, converse com alguém que já passou por situações iguais ou semelhantes às suas ou encontre-se com um especialista que possa ajudar você. Algumas vezes não conseguimos enfrentar as coisas sozinhos. Necessitamos de outra mão amiga.

Os momentos difíceis não devem ser rejeitados, mas acolhidos, para que se tornem novos degraus para a subida. Em cada obstáculo vencido você encontrará mais forças para enfrentar outros que virão, tornando-se, assim, uma pessoa capaz de encarar a vida com mais fortaleza e paz.

Deus nunca manda sofrimentos superiores às nossas forças.

Os momentos difíceis
são novos degraus para a subida.

Autoestima

Autoestima é o conceito que temos de nós mesmos, com base nos pensamentos, nos sentimentos, nas experiências e nas sensações acumuladas ao longo da vida. Sua autoestima irá crescer se for enriquecida com a estratégia da autoaceitação de seus pontos fracos e de suas potencialidades.

Apreciando aquilo que você faz, as habilidades e os talentos estarão cada dia mais à disposição dos outros. Uma boa autoestima nos torna felizes, contentes e realizados em tudo o que fazemos.

Para ser vencedor, além do trabalho você precisa de autoestima, metas, atitudes, convicções e ambições para crescer. Experimente ser, a cada dia, uma fonte geradora de vida ao seu redor.

À noite, não se esqueça de agradecer ao Criador pelo dom da vida, e a si mesmo, pela alegria de ter correspondido a tanto amor. A autoestima se desenvolve não somente no fazer coisas boas, mas no fazer bem as coisas.

Reconheça seus pontos de luz
e transforme-os em amor.

Família

Caminhando num parque, andava a meu lado uma família: o pai, a mãe e duas crianças. Olhei para as crianças sorrindo e uma delas falou à mãe: "Mamãe, eu posso falar com esta senhora?". A mãe consentiu. Quando percebi, a criança pôs-se a caminhar a meu lado, entabulando uma bonita conversa sobre a minha origem, nome, escolaridade etc. No final da conversa, nos despedimos com afeto.

Pais e filhos são elementos fundamentais da família e cada um tem seus direitos e deveres. A harmonia irá estabelecer-se na vivência mútua a partir do momento em que houver diálogo, feito de várias formas, entre pais e filhos. Somos pessoas diferentes numa mesma família, e os relacionamentos acontecem quando somos amigos uns dos outros. Todos passamos pelas várias etapas da vida e a compreensão vai se entrelaçando, como uma ferramenta para a ajuda mútua e o perdão, no diálogo familiar.

Compreensão e diálogo
são ferramentas de crescimento na família.

Liderar a própria vida

Como é consolador poder dizer "hoje me sinto tão bem!". Você já tentou perceber o que significam essas palavras? Sentir-se bem se relaciona com a capacidade de administrar a própria vida, as dificuldades, os desafios, mas também as potencialidades que temos.

Certa vez, conversando com uma jovem, eu lhe perguntei se era realizada na vida. Fiquei surpresa quando ouvi sua resposta: "Sabe, amiga, aprendi a viver o essencial e a conduzir a minha vida. Não dou mais importância às coisas que não são importantes e não merecem a minha atenção. Não me preocupo mais com diplomas, cargos, honrarias. Visito pessoas necessitadas, rezo, e rezo muito por mim e pelos outros". Essa jovem realmente me deu uma grande lição de vida.

Manter a confiança em nós mesmos, crer na solução das coisas, entusiasmar-nos com elas, será um bom trampolim para saltar para o outro lado, enfrentar os obstáculos e liderar a própria vida.

A confiança em nós mesmos
nos leva a liderar a própria vida.

Bondade

João XXIII, o Papa da bondade, escreveu um decálogo do qual coloco trechos para sua meditação: "Só por hoje tratarei de viver exclusivamente este meu dia, sem querer resolver o problema de minha vida todo de uma vez; só por hoje terei o máximo de cuidado de tratar os outros [...]; só por hoje me adaptarei às circunstâncias, sem pretender que as circunstâncias se adaptem todas aos meus desejos; só por hoje dedicarei dez minutos do meu tempo a uma boa leitura [...]; só por hoje praticarei uma boa ação sem contá-la a ninguém; só por hoje farei uma coisa que não gosto de fazer e, se for ofendido nos meus sentimentos, procurarei que ninguém o saiba; só por hoje [...] evitarei dois males: a pressa e a indecisão; só por hoje serei bem firme na fé de que a Divina Providência se ocupa de mim, como se somente eu existisse no mundo [...]; só por hoje não terei medo de nada. Em particular, não terei medo de crer na bondade".

Só por hoje
procurarei viver bem.

Atitude otimista

Você pode aprender qualquer coisa que desejar, dedicando-lhe tempo, mostrando interesse, concentração e, sobretudo, otimismo, dizendo a si mesmo: sou capaz de fazer isso, com a graça de Deus. Essa força interior irá encher seu coração para começar, e assim, dia após dia, vencer os obstáculos que aparecerem. "Só em Deus a minha alma repousa" (Sl 62[61],2).

Uma pessoa otimista não é ingênua a tal ponto de não conhecer as dificuldades. A diferença está na sua capacidade de encarar as coisas de uma maneira ou de outra.

Certo dia, escutei a conversa de duas pessoas que dissertavam sobre o mesmo assunto e uma dizia:"Eu não gostaria que este dia acabasse, embora tenha passado por algumas situações difíceis". A outra afirmava o contrário, com mau humor. Isso depende do modo como nós encaramos a vida. Nunca é tarde para mudar!

Nossa atitude positiva
dará o tom para a orquestra do dia.

Saber perdoar

Errar é humano. Acertar é reconhecer o erro e recomeçar. Perdoar é voltar a andar, porque a falta de perdão nos paralisa.

Uma pessoa me disse uma vez: "Eu não perdoo porque alguém me fez sofrer muito e eu não mereço isto". Refletindo suas palavras, eu lhe disse: "Por que você acumula essa mágoa dentro de você?".

Martin Luther King tem uma frase célebre que diz: "Aprendemos a voar como os pássaros, a nadar como os peixes, mas ainda não aprendemos a arte de viver como irmãos", isto é, perdoar.

O perdão nasce sempre de uma pessoa muito humana, que, muitas vezes, passou pela mesma experiência e provou o quanto foi dura essa situação para ela.

Peça desculpas, se for necessário, e fique em paz, pois algumas pessoas têm mais dificuldade de perdoar, e o seu gesto de aproximar-se de você será um reinício para um belo e longo diálogo.

O perdão é a forma
mais sublime de amar.

Mãos abençoadas

Veja quantas bênçãos podem ser distribuídas através de suas mãos e das mãos de outras pessoas: mãos do médico que alivia a dor de quem sofre dando o remédio adequado; mãos que se abrem para ajudar a quem tem fome; mãos da mãe que acolhem o seu bebê; mãos calejadas de idosos que abençoam e acalmam; mãos do bombeiro que se atira às chamas para salvar alguém; mãos de uma criancinha abraçando sua mãe.

Olhe para suas mãos, quantos gestos de ternura, quantas vezes se abriram para abençoar e acolher um filho que, pedindo perdão, volta para casa. As mãos são um grande presente de Deus em sua vida, e abri-las para o amor e a misericórdia é um dos gestos mais bonitos.

Até as mãos que já se abriram para ferir o seu semelhante muitas vezes saem de um coração sofrido e mal compreendido que necessita de compreensão e misericórdia.

Que as nossas mãos se abram
somente para abençoar.

O melhor presente

O melhor presente que podemos dar aos outros somos nós mesmos.

Ouvir, estar atentos, compreender uma situação é um bálsamo e um presente que acalma quem está precisando de um pouco de carinho e afeto em sua vida. O melhor presente é você e a sua ternura, sua bondade, distribuídas a mãos-cheias. Não é verdade que nos sentimos melhores quando somos um presente para as outras pessoas?

Um dia eu disse a uma amiga: "Como você é bonita". Ela me respondeu: "Muitas pessoas me falam isso". Éramos muito amigas e percebi nela, mais uma vez, uma grande bondade no olhar e falar. Ela concluiu a conversa dizendo: "Você sabe que tenho muitas ocupações, mas aprendi a entregá-las a Deus, pois sei que ele cuida de mim".

Como é bom quando somos pessoas-presentes para os outros. Aprendi mais uma linda lição de vida para mim!

Ajudando alguém,
você estará dando-lhe o melhor presente.

Querer é poder

Você conhece o adágio popular que diz "querer é poder?". Não se trata de um voluntarismo de sua parte, mas de um grande desejo de ajudar a nós mesmos para mudar de vida, todas as manhãs.

Não me refiro a fazer coisas fora dos nossos limites, mas a encontrar os melhores recursos em nosso interior para caminhar com a vida e não atrás dela. Assim a vida não será tão pesada e difícil, sobretudo quando a cruz da depressão, da morte de um ente querido, a perda do emprego, chegam perto de nós.

É hora de levantar a cabeça e dizer com firmeza: "Espero no Senhor, porque junto dele está a misericórdia" (cf. Sl 130[129],5.7).

Fale com seu Deus sempre e intensifique esse diálogo quando estiver em maior aflição. Diga "obrigado" por tudo o que está acontecendo.

Junto do Senhor está a misericórdia
(cf. Sl 130[129]).

Acreditar na vida

Acredite que amanhã tudo será melhor. Uma nova estrela irá brilhar, movida pela força do amor, da vida, da solidariedade.

Pablo Picasso escreveu uma frase que repercute até hoje: "Há pessoas que transformam o sol numa simples mancha amarela, mas há aqueles que fazem de uma simples mancha amarela o próprio sol".

Alguém se aproximará de você certo de que irá receber uma palavra de conforto. No entanto, muitas vezes somos nós que dela precisamos. Todos somos humanos e em algum momento necessitamos de algum socorro. Muitas possibilidades se abrirão para você se não deixar escapar a esperança. Alimente-a na certeza de que virá.

Viver é abrir o nosso coração para os riscos que nos desafiam cada dia. Acreditando na esperança, você renasce, mesmo que seja preciso tentar de novo, com ânimo renovado. Sua vida será curada, sustentada e enfrentada com mais alegria e vigor.

Acredite sempre
e tudo será melhor.

Liberdade

Você está convidado a se libertar hoje de tantas coisas que o amarram. Voar não é só para os pássaros, pois nós também podemos fazê-lo ao rompermos qualquer impedimento que nos sufoca. O pássaro não consegue alçar voo mesmo que esteja preso apenas por um pequeno fio.

Que bom poder voar sem deixar que os outros coloquem limites nos sonhos que desejamos realizar. Como é bom podermos ser nós mesmos.

Deus nos fez seres inteligentes e livres, e quando eu posso dizer a mim mesmo "sinto-me feliz" é porque a liberdade interior está tomando conta de mim.

Contemple como os pássaros do céu são livres. Eles não se amarram a nada e, se por acaso acontece de se enroscarem em qualquer coisa, que dificuldade para se desvencilhar e voltar à liberdade.

Segundo Schelling, a liberdade humana é que possibilitará ao ser humano recuperar sua saúde.

Sou verdadeiramente livre
quando aprendo a respeitar.

Ouvir os outros

Você já fez a experiência de ouvir uma pessoa que está ansiosa para se encontrar com você e lhe contar tantas coisas? Ela espera de você o maior respeito, silêncio e atenção.

Ouvir, simplesmente ouvir, é uma grande sabedoria. Quantas vezes estamos numa condução e alguém nos contempla em silêncio para descobrir se estamos ou não dispostos a escutá-la. Mas também, se recebemos uma virada de cabeça, já entendemos que ela não quer ouvir nada.

Ouvir, sem cortar a conversa, sem julgar, simplesmente ouvir, é um grande gesto de amor. Como é bom deixar seu irmão ou sua irmã "lavar a alma". Não silencie os anseios, a ansiedade que demonstram, querendo interrompê-los. Simplesmente ouvir é uma grande fonte de alegria para quem dá tal oportunidade aos outros.

Saber ouvir os outros
é um grande dom.

Descansar

Cada um de nós possui um limite de energias e o importante é não deixar que cheguemos até o final das nossas forças, porque já pode ser tarde. O cansaço nunca foi bom conselheiro, pois rouba de nossa vida a inspiração e a vontade de prosseguir.

É importante termos a humildade de saber parar para descansar, respeitando os nossos limites e forças, não só físicas, mas também intelectuais.

Viver bem é uma verdadeira arte e uma grande graça de Deus. Ele caminha sempre a nosso lado, por isso procure tirar um bom tempo para se dedicar à oração, ao encontro de você mesmo para melhor se relacionar com os outros. Falar com Deus de perto, quer dizer, na mais profunda compenetração, é necessário, pois foi ele que nos chamou à vida.

"Ó Deus, tu és o meu Deus, desde a aurora te procuro" (Sl 63[62],2) é um versículo que nos convida a descansar em Deus.

É importante termos
a humildade de saber parar.

Espiritualidade

Sua vida manifesta uma grande bondade, compreensão, ternura e amor quando se coloca realmente a serviço dos irmãos, fruto de sua espiritualidade.

A espiritualidade não consiste só em dizer fórmulas na oração, mas na entrega do nosso ser nas mãos daquele que nos criou. Coloque a serviço da vida toda a espiritualidade que envolve o seu ser. Ela se expressará em gestos de tolerância, humildade, paciência e integridade. Como um bonito pôr de sol de outono, você jogará essa nova luz nos recantos mais escuros da vida de muitas pessoas.

Tiago Alberione dizia que espiritualidade é envolver toda a nossa vida em Deus, não só nos momentos em que estamos falando com ele, mas sempre.

Se estivermos interiormente serenos, refletiremos essa luz para quem está próximo de nós. Você nunca sentiu isso perto de certas pessoas, a ponto de ser interpelado por alguém que nos diz: "Como é bom estar a seu lado. Você me transmite tanta paz!"?

A espiritualidade
transformará o seu ser.

Alegria

Dia desses, andando de metrô, observei uma jovem mãe com três crianças ao seu redor, acarinhando-os com uma ternura infinita e dando a cada uma delas uma atenção singular. Essa mãe me olhou e disse: "Eles me dão trabalho, mas são a minha alegria".

Existem pessoas que nos deixam felizes pelo simples fato de terem cruzado o nosso caminho. A alegria profunda contagia, traz vida nova, proporciona energia positiva, torna o nosso caminho mais fácil de ser enfrentado.

Alegrar-se com o bem dos outros, doar-se com toda a disponibilidade, ir ao encontro de quem precisa do nosso carinho e compreensão, isso tudo é uma grande fonte de felicidade.

A vida terá mais alegria se os momentos menos bons forem enfrentados com essa disposição, pois já escrevia Georges Bernanos que "saber encontrar a alegria na alegria dos outros é o segredo da felicidade".

A alegria nos ajuda
na superação de problemas.

Tolerância

Hoje é um novo dia. Tenha muita determinação, paciência e sabedoria para vencer as dificuldades e obstáculos que aparecerem à sua frente. A tolerância ajudará a carregar o fardo quando alguém está incomodando você. Nesse momento vale dialogar, com toda sinceridade, com a pessoa. Algumas vezes os outros também terão algumas dificuldades com você e serão pacientes.

Às vezes, estamos incomodados porque vemos uma pequena falha no modo de ser dos outros. Certas dificuldades aumentam porque não nos tomamos nas mãos quando ainda éramos capazes de fazê-lo. Mas nunca é tarde. Uma boa disposição de humildade será bem-vinda também.

Uma frase de Khalil Gibran sempre me impressionou muito: "Aprendi o silêncio com os faladores, a tolerância com os intolerantes, a bondade com os maldosos; e, por estranho que pareça, sou grato a esses professores".

*Tenha paciência
de suportar pequenas coisas.*

Saber agradecer

Se pensarmos bem, a palavra "obrigado" tem um grande poder, pois cada vez que você a pronuncia aumenta a autoestima de quem a recebe. Seu agradecimento recompensa o favor ou esforço que alguém fez em relação a você. Vejo que são verdadeiras as palavras de Pierre Charron ao dizer que "aquele que recebe um benefício não deve jamais esquecê-lo, e aquele que o concede jamais deve lembrá-lo". A gratuidade nos enobrece!

Como é bonito o olhar agradecido da mãe que fica o dia todo à disposição do seu bebê para que ele se sinta confortável e ainda muitas vezes continua o gesto noite adentro. E o que dizer do pai que trabalha duro para levar uma surpresa ao filho e dele receber um "muito obrigado, papai"!

Nunca agradecemos demais a Deus por todos os benefícios que nos concede.

A gratidão
é um gesto que nos enobrece.

Aniversário

Hoje é um dia especial para receber o carinho de seus amigos e amigas, chorar de emoção, partilhar sua vida com eles e divertir-se. Sendo este o dia em que você nasceu, nada melhor do que iniciá-lo dizendo "muito obrigado" a seu Criador, com as palavras: "Eu te louvo, meu Deus, porque me fizeste maravilhoso" (Sl 139[138],14a).

Que tal abrir hoje o álbum do seu coração e saborear os momentos especiais que estão gravados nele, porque você foi criado no amor, sustentado e guiado pelo amor.

Não é todos os dias que celebramos o nosso nascimento, por isso hoje faça algo diferente que possa marcar este lindo dia.

Aniversariar é agradecer, confraternizar, alegrar-se, procurar e estar com as pessoas que nos fazem felizes. É confortador poder ser grato ao autor da vida, a nossos pais, professores, às pessoas que fizeram parte de nossa história até o momento presente.

Você foi criado
no amor e por amor.

Nossos pais

Os pais são a maior bênção que temos em nossa vida, pois sem eles não existiríamos. Que bom se os nossos pais pudessem ficar conosco sempre. Contudo, em algum momento eles irão separar-se de nós, deixando saudade imensa de uma presença que é insubstituível. Mas o que vai nos dar uma grande alegria é pensar que colaboramos com eles para que sua viagem pudesse chegar feliz a seu fim.

Como são bonitas estas palavras: "Quem teme o Senhor honra seus pais e como a senhores servirá os que o geraram" (Eclo 3,8).

Na idade avançada, na doença e, sobretudo, na invalidez o nosso carinho será multiplicado pela paciência nos cuidados para com aqueles que nos fizeram ver a luz deste mundo.

Papai e mamãe nos ensinaram a juntar nossas mãos para rezar, e, mesmo sem compreender bem o que fazíamos, éramos assíduos nessa prática. Que boa lembrança guardamos em nosso coração!

Os pais são a maior bênção
que recebemos.

Falar e calar

Parece contraditório dizer isto. Algumas vezes na vida temos de falar, outras vezes precisamos calar. O sábio nos diz que há tempos para falar e tempos para calar; tempos para rir e tempos para chorar. Todos nós já experimentamos o benefício de uma boa palavra, carregada de energia positiva, pronunciada na hora certa.

O livro dos Provérbios nos adverte: "Como o vento norte traz chuvas, assim a língua ferina produz tristeza" (Pr 25,23), porque uma palavra pronunciada num momento errado pode trazer um grande desconforto e lágrimas a nossos semelhantes, e uma palavra proferida com sabedoria pode mudar o rumo da existência de outra.

Admiro muito algumas pessoas que conheço e que têm um grande controle sobre suas palavras. Elas são maduras e parece que pensam muito antes de proferir uma palavra para não ofender os outros.

É uma grande sabedoria
saber calar e saber falar.

Não importa a idade

"Como é bom para os cabelos brancos saber julgar, e para os anciãos saber dar conselhos! Como fica bem a sabedoria para os anciãos e o discernimento sábio para as pessoas honradas. A coroa dos anciãos é uma grande experiência, e o orgulho deles é temer ao Senhor" (Eclo 25,6-8).

Muitas pessoas desanimam quando pensam que já estão na terceira ou na quarta idade e lhes parece terem chegado ao final da luta. Somos jovens na medida de nossa fé e do nosso entusiasmo; tão jovens quanto a nossa autoconfiança, tão idosos quanto os nossos medos e desesperos.

Enquanto recebermos mensagens de esperança, vida, alegria e coragem, seremos jovens.

Pessoas amargas, descontentes, que sempre reclamam de tudo, envelhecem rapidamente. Ao contrário, quem enfrenta a vida com otimismo, procurando ser cada dia mais feliz, não mostra a idade. Por isso, coragem! Falta muito para você envelhecer!

A coragem e o espírito de luta
nos mantêm jovens.

Dever e viver

Um novo dia amanhece. Também os grandes gênios da nossa história tiveram dias semelhantes aos nossos, procurando um equilíbrio entre as leis e a vida. As leis são necessárias, mas não podemos perder a sensibilidade diante da verdade de cada pessoa e da beleza que nos rodeia. Por isso, de vez em quando, é bom parar o que estamos fazendo, desligar-nos dos horários que nos perseguem a cada minuto, cada segundo, para simplesmente respirar e olhar a vida ao redor.

As leis nos prendem na contagem milimétrica do nosso tempo e dizemos: preciso dar conta deste trabalho, preciso correr para acompanhar tudo, preciso me atualizar etc. Tudo isso é importante, porém a vida não pode escapar de nossas mãos.

Se nos amarrarmos demais ao dever, deixamos de viver, pois a vida passa muito rápido e é importante segurá-la com todas as nossas forças, não deixando escapar nenhuma oportunidade para crescer.

Olhemos para o belo
que está ao nosso redor.

Ecologia

Olhe ao seu redor com o coração nesta bela manhã que começa. O cantor da natureza e protetor da ecologia, Francisco de Assis, assim dizia: "Comece fazendo o que é necessário, depois o que é possível e de repente você estará fazendo o impossível".

Fernando Pessoa alegrava-se pelo simples fato de sentir o vento tocar seu rosto, e dizia: "Às vezes ouço o passar do vento, e só de ouvir o vento passar vale a pena ter nascido".

Com esses pensamentos, faça hoje a experiência de contemplar a natureza ao seu redor. Olhe as flores, contemple suas cores, sinta o seu perfume.

São indescritíveis as maravilhas que estão a seu lado, é só percebê-las. Olhando pela janela da sala de trabalho, ouço a briga dos passarinhos por um pedacinho de pão, o bailado das borboletas que sobrevoam as flores e o ar que me deixa respirar. Por isso, paro e contemplo.

Louvai o Senhor, pois ele é bom
(Sl 136[135],1).

Viver sem exigir nada

Um dia, na rua, encontrei um mendigo procurando restos de comida num cesto de lixo. Aproximei-me dele e perguntei: "Você quer que lhe pague um lanche?". "Não precisa, senhora", respondeu sorrindo. "Estou acostumado a procurar comida no lixo e hoje encontrei um bom bocado." Mesmo assim eu lhe comprei um lanche e uma bebida e ele, feliz, me agradeceu. Despediu-se de mim acenando com a mão e esboçando um belo sorriso.

A meditação tomou conta de mim por causa das exigências que se acumularam dentro de mim ao longo dos anos. Viver é um eterno presente de Deus e reconhecer que tudo nos vem dele.

Tornar-nos cada dia mais humanos, sensíveis à dor dos outros, nos leva a um crescimento interior.

Quem exige demais dos outros se torna uma pessoa antipática, e muitas vezes até a evitamos. Viver sem exigir nada nos torna pessoas serenas e cheias de paz.

Vivemos de modo diferente
quando não exigimos nada.

Medo ou fracasso?

Os fracassos fazem parte dos nossos limites. Não existe pessoa que vença em todas as situações da vida. Pessoas bem-sucedidas são as que aprenderam com seus erros e transformaram os fracassos em oportunidades.

Walter Burke escreveu um dia: "Sucesso é uma questão de não desistir, e fracasso é uma questão de desistir cedo demais". A vida é uma dádiva, e a fortaleza nos leva a superar constantemente os medos ou fracassos. Deixemos a vida entrar.

Joguemos para bem longe os nossos medos, pois eles nos amarram e paralisam. Ao contrário, a pessoa que tem coragem joga-se sem medo e, aos poucos, vence os desafios que estão pela frente. Reze comigo este salmo: "Esperei firmemente no Senhor e ele se inclinou para mim, atendendo a minha súplica [...] colocou meus pés sobre a rocha" (cf. Sl 40[39],2-3).

A fortaleza nos leva
a superar os obstáculos.

Depende de mim

O escultor está pronto para dar forma à sua obra de arte. O dia não favorece. O sol não brilha. As coisas não estão saindo como ele planejou. Mas ele vai em frente sem se deixar influenciar e, quando menos espera, sua obra de arte está pronta.

Nem todos os nossos dias são iguais. Apesar disso, posso estar feliz porque estou vivendo, o dia está na minha frente esperando que eu mude a ordem das coisas. Tudo depende de mim.

Um dia assisti a um filme muito bonito sobre a paciência de um escultor ao fazer sua obra de arte. Às vezes vinha a chuva, outras vezes a umidade, e ele não conseguia ir em frente, mas ele nunca perdeu a paciência. Até que terminou sua obra tão desejada.

O mesmo pode acontecer com a nossa idade. De repente nos damos conta de que estamos envelhecendo e o desânimo pode tomar conta. O que será de mim agora? Aos poucos nos convençamos de que poder envelhecer é um presente de Deus.

As disposições interiores
dependem de mim.

Bom humor

O ser humano não nasceu para ficar sozinho, para isolar-se e não querer que os outros se aproximem por não estar com disposição de recebê-los ou ouvi-los. Pessoas boas nos fazem crescer e ajudam a superar os limites, lançando-nos para a frente. É muito bom contar as nossas histórias a uma pessoa alegre e disposta a ouvir-nos.

Superar o nosso mau humor é sair da prisão do pessimismo e encontrar-se com a manhã ensolarada do otimismo, da confiança e da luta.

Faça uma lista das pessoas que gostam de você, que podem ajudá-lo quando seu costumeiro mau humor aparece. Então é hora de rir de si mesmo. Essa é uma grande sabedoria de vida.

Interessante: quando estamos bem-humorados e nos esforçamos por viver bem, a vida se torna diferente. Pessoas assim são como o mel que atrai as abelhas. Com um pequeno esforço tudo pode ser melhor.

Ficamos mais fortes
quando rimos de nós mesmos.

Aceitar o próprio erro

Existe um provérbio árabe muito sábio: "Quem quer fazer alguma coisa, encontra um meio; quem não quer fazer nada, encontra uma desculpa".

Aceitar os próprios limites nos torna mais humildes. Muitos dos nossos dias poderiam ser mais bem aproveitados se não encontrássemos tantas justificativas para não enfrentarmos as dificuldades, para aceitarmos quando os outros pedem uma pequena mudança de nós. A vida sempre dará muitas voltas ao nosso redor, e tomara que os erros enfrentados nos ajudem a ser mais humildes de coração. Não desanime com suas quedas, erros e fracassos. Quase tudo o que você aprendeu na vida aconteceu após momentos de fracasso, dificuldades e lutas, não é verdade?

Enfrentar essas situações aumenta a nossa bagagem existencial e nos torna mais fortes e positivos.

*Os erros enfrentados
nos tornam mais humildes.*

Pressa e paciência

Quanta pressa, quanta correria ao nosso redor. Temos a impressão de que as escadas rolantes estão lentas demais, os trens estão demorados, até o celular já está muito lento. E assim vivemos na pressa, atropelados.

A ansiedade maltrata e desgasta. Mas por que tanta pressa em tudo? Há situações de pressa, mas nem todos os momentos de nossa vida devem transcorrer na correria, na pressa.

A calma produz a paciência; a paciência produz a calma; a calma produz a serenidade; e a serenidade sustenta a esperança. Algumas vezes não perdemos nada por esperar e até por desacelerar o passo para nos exercitar na paciência.

Que minha impaciência e minha pressa não tirem o brilho e a beleza das lindas manhãs de sol para dar vazão à pressa e à impaciência que não levam a nada.

*Na calma
produzimos mais frutos.*

O sorriso liberta

O sorriso liberta, dá estabilidade emocional e fortalece a autoconfiança. As pessoas que irradiam simpatia conseguem o que desejam com mais facilidade. Sorrindo, você colherá os frutos da coragem e da serenidade para enfrentar os impasses que o nosso cotidiano nos reserva.

Observe hoje, ao andar pelas ruas, uma criança alegre: ela é livre, atrai a atenção de todos, alivia o nosso cansaço. Ela sorri, dá gargalhadas, com muita liberdade.

O nosso Mestre, Jesus, gostava muito das crianças, e quando os apóstolos queriam afastá-las dele, Jesus disse: "Deixem que venham a mim".

Certamente elas se sentiam à vontade no colo de Jesus ou ao seu redor. E a gente percebe o quanto as crianças nos ensinam a sorrir, a não colocar malícia nas mínimas coisas. As crianças sorriem com liberdade.

Sorrir libertados
nos dá estabilidade emocional.

Louvores de um ancião

Certo dia, enquanto eu me deliciava com uma leitura, caíram-me debaixo dos olhos os louvores de um ancião. Transcrevo-os para a sua e a minha meditação: "Felizes aqueles que demonstram compreensão para com meu pé trôpego e minha mão paralítica; felizes aqueles que entendem que meu ouvido precisa se esforçar para perceber tudo o que me dizem; felizes aqueles que parecem saber que minha vista está turva e meu raciocínio se tornou lerdo; felizes aqueles que permanecem com gentil sorriso quando conversam comigo; felizes aqueles que jamais dizem: 'o senhor já me contou isso duas vezes'; felizes aqueles que permitem sentir que sou amado, respeitado e não estou abandonado; felizes aqueles que, com sua bondade, aliviam os dias que ainda me restam" (BETZ, Regina. *O olhar da sabedoria*. Testemunhas da terceira idade. São Paulo: Paulinas, 2001. p. 34).

*A idade da sabedoria
chegará para todos nós.*

A solidão

Qual é a pessoa que em sua vida não experimentou momentos de solidão? A solidão não precisa desesperar você. Faz muito bem e nos fortalece no encontro com nós mesmos e com os irmãos. Ela ainda proporciona um encontro profundo com o Criador de nossa vida e nos deixa mais calmos.

Quando você sentir a tristeza de estar só, lembre-se das pessoas que desejariam estar com você nesse momento e imagine como seria bom se elas estivessem a seu lado. Quando você sentir a necessidade de ser amado, procure as pessoas que amam você e que lhe podem dar muita força.

No mais profundo do nosso ser existe uma câmera de gravação, e enquanto ela receber mensagens de paz, de vida, de esperança, de amor, você estará superando a solidão. Mas lembre-se: um pouco de solidão faz bem a todos nós!

A solidão
nos fortalece.

Por que rezar

Quando tudo lhe parecer cinza, olhe para as cores da vida. As cores da fé, da bondade das pessoas, dos amigos e amigas que lhe querem bem e compreendem sua situação, mas, de modo especial, reze.

Aprender ou reaprender a rezar, que significa isso? Sempre me impressionou muito a maneira de rezar de minha mãe. Ela rezava muito todos os dias, rezava sempre, e enquanto sua lucidez permitiu dedicou-se não só à oração, mas também às obras de caridade, pois dizia que Jesus queria que a gente ajudasse os outros. E quando não podia mais dizer fórmulas, nós a víamos em silêncio profundo e não a perturbávamos, porque sabíamos que estava rezando.

São do próprio Jesus estas palavras: "Quando tiveres de orar, entra no teu quarto e fecha a porta [...] e o teu Pai te atenderá" (cf. Mt 6,6).

Rezar é falar com Deus,
amando-o.

Sorrir para a vida

Ser simpáticos com nós mesmos é sorrir e olhar-nos com muita compreensão com olhares de muita liberdade e ternura. Ser simpáticos com nós mesmos é encontrar o lado divertido de uma situação. Sorrir é oferecer aos outros aquilo que somos – nossa ternura, nossa verdade –, dando aos outros um novo sentido às suas vidas também.

Deus não nos fez para a tristeza, para vivermos longe da sociedade, porque somos uma grande família. Na idade tardia de nossa vida vamos precisar muito do sorriso e da compreensão dos outros, pois não teremos mais as mesmas energias de quando éramos mais jovens.

Como é bom encontrar uma pessoa que vem ao nosso encontro como uma criança que chega de braços abertos para nos dar o seu carinho.

Sorrir é encontrar
o lado divertido das coisas.

Lutar sempre

O importante não é sair sempre vitorioso, mas ter coragem de lutar e enfrentar novas situações. Acreditar que conseguiremos arrancar da montanha da desesperança uma pedra de esperança; que podemos enfrentar com espírito de luta a monotonia das manhãs com menos brilho, fazendo delas caminhos de crescimento.

Se fizermos isso, a melancolia não encontrará o nosso portão aberto e passará adiante.

Conheço pessoas muito tristes e melancólicas. Procuro entendê-las, porque algumas vezes me pergunto se não foi um grande sofrimento que as deixou assim.

Olhe hoje ao seu redor e descubra pessoas que sabem lutar, que enfrentam a vida de maneira corajosa, mas não deixe de lado as que têm mais dificuldades.

*Descubra pessoas
que sabem lutar.*

Respeitar e amar

No amor verdadeiro aceitamos as diferenças dos outros. Respeitar é andar ao lado das pessoas, permitindo que percorram seu caminho, com o ritmo que lhes é próprio, com os próprios meios. É bom embarcar nesta aventura, porque o amor verdadeiro aceita caminhos diferentes, e estes caminhos diversificados irão desembocar todos num só lugar: no grande oceano do amor.

Quando vamos a um jardim, vemos flores muito lindas, diversificadas na cor, no tamanho e no perfume. Elas nos mostram sua diversidade e como vivem bem nessa diversidade. Somos diferentes no agir, no pensar, no modo de fazer as coisas, enfim, em tudo, e o nosso Criador nos fez assim, respeitando cada pessoa como é: com as virtudes e falhas que traz com ela.

O respeito começa na aceitação dessas diferenças. Somos bilhões de pessoas no mundo e Deus não fez uma pessoa igual à outra.

*O respeito
nos torna pessoas maduras.*

Viver bem

Comece bem o dia despertando para a música da vida. Viver bem não é ater-se ao passado nem temer o futuro, tampouco calcular o presente, como será ou não será hoje, mas experimentar o gosto pela vida.

Viver é entoar canções de autoconfiança, vencer o medo e entrelaçar os limites com amor. O amor verdadeiro não possui e não quer ser possuído, pois lhe basta somente amar. Deus nos quer pessoas felizes e comprometidas conosco e com os irmãos.

Fiz essa experiência várias vezes. Quanto mais eu me doava, mais feliz eu ficava; quanto mais eu me negava a ajudar os outros, sentia-me triste. Por isso, não há medida para doar-se, pois doar-se é viver sem medida.

Jesus fala continuamente no Evangelho que veio para dar sua vida, e dá-la em abundância (cf. Jo 10,10).

O altruísmo nos enche de amor
para com o outro.

Ser feliz

A pessoa feliz e realizada enfrenta com entusiasmo e simplicidade a sua vida. A felicidade vive em nosso interior, nos enche de esperança e nos faz alcançar melhores resultados na vida. Pensamos que a felicidade está numa infinidade de coisas pequenas e simples com as quais nos deparamos sempre. Penso que ela está dentro de nós mesmos, ao nosso alcance, algumas vezes bem escondida.

Ela nos faz enxergar a beleza da vida, os valores das pessoas com seus gestos de bondade. É um estado de harmonia e plenitude que nos envolve numa espécie de aura de paz e energia, sempre esperando aquilo que se pode alcançar.

Deus nos fez criaturas abençoadas e livres para escolhermos melhor o seu projeto feito de muito amor, e se abraçarmos Deus com ternura nossa vida mudará. Assim, a vida deixará de ser uma luta e uma corrida para vencer os obstáculos.

Deus é o fundamento
da nossa felicidade.

Humildade

Diz Khalil Gibran que a mais alta forma de liberdade traz consigo a maior medida de humildade. Realmente, ela faz brotar novas energias em nossa vida, tecendo-a com gestos humildes, sinceros, feitos de acolhimento dos nossos limites e dos limites dos nossos semelhantes.

Sócrates já dizia há milhares de anos que humilde e sábia é a pessoa que sabe rir de suas próprias fraquezas.

Ser humilde é ser o que a gente é, nem mais nem menos. Esta é uma graça que podemos pedir a Deus todos os dias. Se desejamos ter uma paz autêntica e duradoura, é importante viver a humildade verdadeira.

Minha mãe dizia que na vida a gente precisa ser humilde e ocupar o lugar que Deus nos deu. Não querer passar na frente dos outros. Não os humilhar nem desprezar nada do que nos dizem. Interessante: lembro sempre isso.

A humildade nos leva
a acolher os limites.

Emocionar-se com a natureza

Fomos criados no amor, guiados pelo amor e sustentados pelo amor. Emocione-se cada manhã com a sinfonia da natureza: a chuva, o vento, as nuvens, os primeiros raios de sol que estão começando a colorir o céu. Todas essas manifestações são frutos da beleza da criação.

Lembro-me muito bem. Quando éramos pequenos e começava a trovejar, corríamos todos para debaixo da cama do pai e da mãe porque achávamos que ali era um lugar seguro. Era até divertido.

O amor de Deus, através de um pai e de uma mãe, trouxe você à existência. O amor nos move a escolher o que nos torna melhores neste mundo, não só olhando para dentro de nós, mas, como já falei anteriormente, preocupando-nos com os outros, nossos irmãos.

Qualquer pessoa, seja ela como for, merece a nossa maior atenção e cuidado, pois também é fruto de um grande amor.

Fomos criados e sustentados pelo amor.

Deus nos fala hoje

Deus fala ao nosso coração de várias maneiras. Através dos acontecimentos de cada dia, de sua Palavra, das pessoas etc. O amor encontra sua máxima expressão na misericórdia, no perdão e na cooperação. Revela-se na coragem, na autoconfiança, na determinação e na energia.

Manifesta-se na paciência e na sabedoria para vencer as dificuldades sem nos deixar ser vencidos por elas. Agarre-se à fé para não perder a confiança em Deus.

Deus nos fala em sua palavra e nos surpreende. Cada vez que abrimos a Bíblia, ou somente rezamos um salmo, ficamos extasiados, pois sempre há um ponto de revisão de nossa maneira de ser, uma reflexão profunda que nos mostra onde podemos melhorar. A meditação da Palavra de Deus nos torna maduros espiritualmente, renova nossas energias e nos leva a dizer: "Obrigado, Deus, pela tua Palavra".

A Palavra de Deus
é fonte de vida.

Ser bondoso

Viver a bondade é muito simples: dedicar-se aos outros, tornando-os melhores. O coração bom lança as sementes e caminha no embalo da paciência, no ritmo do otimismo, entoando canções de felicidade, florescendo no jardim do perdão.

Aqui vale o que disse Henfil: "E se não houver frutos, valeu a beleza das flores; se não houver flores, valeu a beleza das folhas; se não houver folhas, valeu a intenção da semente".

Uma pessoa bondosa nos encanta porque de seus lábios brotam somente palavras de amor e de respeito. Ela nos encanta porque gostamos de ficar perto dela, haurir de sua sabedoria, e qualquer palavra que ela pronuncia nos faz bem.

Algumas vezes eu me encanto com certas pessoas: parece que não têm sofrimento algum. Mas não é bem assim, é que elas aprenderam a equilibrar-se e ser bondosas com todos.

Que bom ter pessoas assim neste mundo!

A bondade encanta
e eleva as pessoas.

Começar bem o dia

"Que nesta manhã silenciosa o vento possa soprar em seus ombros e o sol, brilhar em seu rosto." Por isso, agradeça pela pessoa que você é, pelas lutas que já enfrentou, pelos amigos e amigas que reuniu, pelas dificuldades que avaliou, e por todas as criaturas que já ajudaram você a dar um novo tom ao seu "Bom-dia!".

Comece o dia colocando em seus lábios um canto de amor. Receber o dia com a mente feliz e o olhar sorridente nos fará dar saltos de qualidade, com energia ilimitada. Às crianças, aos pobres e a todos aqueles que precisam de nós ofereçamos o presente da alegria e da bondade.

Mesmo que o dia não esteja como nós gostamos, enfrente-o e ofereça-o a alguma pessoa que você sabe estar sofrendo muito. No silêncio do seu coração, não importa o que esteja fazendo, lembre-se dela, pois ela receberá a sua mensagem.

Comece o seu dia
num canto de amor.

Acreditar

Deixe-se abraçar pelas imensas oportunidades que a vida oferece. A fé nos faz vencer. A coragem irá inundar sua existência.

E se o sofrimento deixou você um pouco paralisado, não permaneça nessa situação, pois cada pessoa tem os seus momentos difíceis.

Corra em busca de outras estrelas, outras manhãs de muita coragem e ousadia. Não deixe o seu dia ficar monótono e sem vida. Invente algo, acredite que as coisas poderão ser diferentes.

Não é fácil enfrentar o dia quando precisamos trabalhar debaixo de um sol escaldante.

Um dia perguntei a um gari porque ele era tão feliz em seu trabalho. Ele me respondeu: "A senhora não sabe como é consolador. Encontro sempre pessoas que sorriem para mim!".

Refresque-se buscando forças dentro de si mesmo.

Corra em busca de novas manhãs sem monotonia.

Cada dia melhor

Cada manhã é um novo começo, na certeza de que, de hoje em diante, tudo será melhor, com a graça de Deus.

Grande missão é tirar a pedra do caminho e excluir o ódio do coração; desvencilhar as dificuldades do problema e enobrecer alguém, oferecendo-lhe trabalho; na coragem, modificar o mundo, e se esta faltar, pensar naqueles que estão lutando.

Interessante o que Sócrates dizia: "Não pense mal dos que procedem mal, mas pense que estão enganados". Pense no melhor, pois lhe trará muita alegria e paz.

Dizer somente o bem que existe nas pessoas é outra fonte de vida e de alegria. Essa foi também a mensagem de Jesus! Penso que seremos melhores à medida que melhorarmos nossos pensamentos. Já fiz essa experiência várias vezes e realmente traz resultados.

*É fonte de vida
ver só o bem nas pessoas.*

Permanecer jovem

Somos tão jovens quanto a nossa autoconfiança, a nossa fé e a nossa esperança. Enquanto recebermos mensagens de beleza, alegria, coragem e otimismo; enquanto contarmos com uma imagem positiva de nós mesmos, florescerão nossas capacidades de criar, de formar novos círculos de vida, descobrir novas formas de partilha.

Convivo com uma pessoa de 88 anos de idade, com muitos problemas graves de saúde. Posso dizer que é a pessoa mais jovem e alegre do nosso meio. Ela se acostumou a ser otimista e todo o seu modo de ser transpira juventude e paz.

É tão bom estar perto de pessoas assim: elas enchem a nossa existência de alegria.

Pessoas idosas-jovens
são um tesouro.

Autovalorização

"Creio no sol, mesmo que ele não brilhe; creio no amor, mesmo que não o sinta; creio em Deus, mesmo que não o veja." Gosto muito dessa frase e ainda acrescentaria outras: todas as estrelas brilham em mim. O mundo irrompe ao meu redor porque descobri o quanto sou importante no universo. Sou importante porque a minha parcela se mistura ao infinito de parcelas dos outros e juntos formaremos um grande círculo de fraternidade.

Autovalorizar-se, olhar para o céu, para a natureza: dar uma afrouxada na seriedade da vida, do contrário a corda nos prende fortemente contra nós. Em alguns momentos somos gigantes na coragem e em outros não conseguimos nos mover. É a depressão, a tristeza e outras coisas que nos afetam. Nesses momentos constatamos o quanto somos frágeis e limitados. Aceitemos também este limite, sabendo que somos capazes de nos vencer. Acreditemos na nossa coragem e nas nossas potencialidades.

Valorizemos nossa coragem
e aceitemos os limites.

Serenidade

A serenidade é a ressonância íntima da presença de Deus em nós. A serenidade *re*-avalia a própria história e aceita as próprias limitações; encara de maneira positiva os acontecimentos; qualifica a própria vida; cultiva o bom gosto; envolve-se na gratuidade; aceita-se integralmente, descobrindo as próprias potencialidades.

Serenidade quer dizer estar preparado e bem presente a si mesmo, para os acontecimentos bons e outros nem sempre tão bons que aparecem em nosso cotidiano. Nossa vida é feita de tantas surpresas, mas nada rouba a nossa paz interior se estivermos com o nosso coração em paz.

A paz, segundo Casaldáliga, não é apenas a flor branca nas pontas de uma vida, a paz é a seiva, é a árvore toda.

*A paz é fruto de muito amor
no coração.*

Sofrimento enfrentado

Não lute contra o sofrimento que pode chegar de mansinho. Não fique brigando. Já passou.

Visualize-se com saúde plena. Não deixe de resistir. O sofrimento deve ser superado e enfrentado e não negado. Seremos mais fortes.

Como é bom lembrar que já passamos por cima de tantos pequenos sofrimentos que nos trouxeram tantas alegrias, superações e até paz. Lembre-se da flor que desabrocha e não do pesar das pétalas que estão caídas no chão. Lembre-se dos gestos de bondade e não das agressividades que você já enfrentou.

Sofrer dói muito, qualquer que seja o motivo. Por exemplo, uma grande decepção, a traição de um amigo ou amiga a quem confiávamos todos os nossos segredos.

Você é maior do que tudo isso e irá superar essa pequena morte.

Enfrentar o sofrimento
e não brigar com ele.

Coragem para mudar

Acreditar é apostar em nós mesmos e em nossa transformação. Acreditar na grande possibilidade de realizar o ideal planejado, colocando nossa energia vital nos projetos. Comunicar-se com as pessoas, solicitar a ajuda dos outros, pois nos complementamos.

Tudo será diferente quando começarmos a mudar e agir positivamente. Sempre podemos mudar, porque a força e a coragem estão dentro de nós. Para tanto, é importante termos muita humildade para deixar-nos ajudar.

A vida passa depressa e algumas vezes nem percebemos que já fizemos um longo caminho: de fé, de caridade, de amadurecimento e de crescimento espiritual.

Nossa existência é feita de pequenos momentos que, juntados uns aos outros, formam o tecido da existência.

A coragem para mudar
está dentro de nós.

Amizade

Viver é poder agradecer todas as manhãs o dom da amizade. No caminho da nossa existência foram semeados muitos gestos de encanto para colher frutos de amor. Nenhuma história humana é escrita sem a presença amiga de quem nos estendeu a mão. Agradecer o dom de tantos amigos e amigas que hoje fazem parte da nossa história, nos entendem, estão bem perto de nós quando mais sofremos.

Amizade verdadeira é aquela que nos deixa à vontade com as pessoas que amamos, podendo confiar-lhes nossos segredos mais profundos, nossos sofrimentos mais temerosos, as buscas e anseios que nos preocupam.

Jesus é o melhor amigo para todas as horas: as mais alegres e as mais complicadas. Faça a experiência de sentar-se ao lado de Jesus e de conversar com ele.

Toda história humana
foi escrita com a presença de um amigo.

Amor verdadeiro

Siga em frente, a caminho do infinito, tocando a sua estrela. O amor é paciente, é benigno, é calmo e sem amargura. O amor é compassivo, provado no ouro da compreensão, do silêncio e do perdão. Este amor verdadeiro jamais terá fim porque entrelaçado com o infinito. O amor verdadeiro não julga, não condena as pessoas pelo seu comportamento externo. O amor verdadeiro está aberto ao perdão, ao acolhimento, porque, antes de tudo, precisamos perdoar a nós mesmos para poder recomeçar.

O amor verdadeiro é feito de muito recomeço, de muito silêncio também; de muita calma para não "jogar as toalhas" antes do tempo, porque, então, perderíamos de vista o horizonte.

*O amor verdadeiro
é provado no ouro da compreensão.*

Paciência

A paciência nos leva a viver intensamente o momento presente sem perder de vista os planos do coração. Ter paciência é agir também, mas agir com o coração tranquilo, na medida certa, colocando o tempero da calma.

Paciência para mudar a nós mesmos, nossas atitudes impensadas, para tornar-nos adultos em Cristo. Paciência para não perdermos a calma neste processo de mudança de vida.

A natureza nos ensina
o sentido da paciência.

Persistência

Querer e gostar da vida nos leva à capacidade de persistir. Gostar da vida é envolver-nos com ela por inteiro, é dar o que ela pede de nós.

A persistência é uma verdadeira aventura, pois exige de nós que recomecemos a cada fracasso ou derrota. Os desafios da vida chegam de mansinho e/ou, algumas vezes, inesperadamente, por isso é bom estar dispostos a recomeçar.

Persistir é resistir a cada recomeço. Se tudo fosse tão fácil na vida, talvez não sentiríamos tanta alegria, pois, quando conquistamos algo com garra, paciência, parece que lhe damos mais valor.

Observe, por exemplo, uma partida de futebol. É talento sim, mas é, sobretudo, muita persistência para chegar ao objetivo. Exercícios, mais exercícios, repetições, idas e voltas; por fim, um belo gol.

Podemos aprender de tudo e de todos e, se formos persistentes nas coisas que nos propomos a fazer, certamente chegaremos lá.

*Persistir é resistir
a cada recomeço.*

Coragem para recomeçar

Coragem não é ausência de medo, mas capacidade de reagir a ele. Segure firme na mão de Deus e ande, ande, sem medo, pois Deus está com você. Cada dia é um novo começo na certeza de que seremos melhores, com a graça de Deus. Ele nos amou primeiro e caminha a nosso lado. E quem sabe o caminho irá começar justamente ali onde você pensa que ele terminou. Jesus nos diz: "Coragem! Eu estou com vocês, todos os dias".

Coragem é a audácia de enfrentar com fé situações que nos parecem intransponíveis. Podem ser obstáculos físicos, morais, espirituais, psicológicos.

Coragem é diminuir a distância entre o que somos e o que parecemos. Coragem é respirar num ritmo sagrado de compaixão e gratidão. Coragem é superação do medo, fazer algo pela primeira vez.

Coragem é saber calar quando alguém nos enfrenta injustamente, sabendo que Deus está a nosso lado e nos defende sempre.

*Coragem é superação
que nos faz crescer.*

Vencer o temor

Quando temos fé, somos fortes, vencemos o temor, enfrentamos problemas e incompreensões e nos colocamos em busca de outros caminhos, diz o Papa Francisco.

Levantar os olhos e contemplar outros horizontes nos tornam abertos à vida que espera por nós!

Quem tem coragem
para enfrentar os perigos
vence-os antes que eles o ameacem.

Amizade

Certo dia, li um poema de L. Verdecchia de que gostei muito. Dizia: "Escrevi seu nome na areia, mas as ondas o apagaram; gravei seu nome numa árvore, mas o tempo o apagou; esculpi seu nome no mármore, mas a pedra se quebrou; escrevi seu nome no meu coração... e o tempo o conservou".

A amizade se constrói a cada dia e a cada encontro, duplicando as alegrias e dividindo as angústias pela metade. Nela também existe espaço para outras pessoas. Ter amizade com alguém é poder sentir todas as coisas bonitas e também as menos brilhantes, ambas necessárias na vida.

A amizade verdadeira
nos amadurece e faz crescer.

Como é bom ter irmãos

É na família que se constrói uma sociedade consistente, plena e dinâmica, e com os irmãos repartimos alegrias, esperanças e também decepções e ansiedades. Quando contamos as nossas preocupações aos irmãos em família, nós nos sentimos seguros e felizes, pois compartilhamos com eles o mais profundo do nosso ser.

Somos todos iguais, mas ao mesmo tempo diferentes. Conviver com essa diversidade na família e na sociedade, reconhecer que cada ser é único, leva-nos a compreender e a aceitar melhor a nós mesmos.

É muito importante que nos envolvamos decididamente no projeto prometido a nós mesmos, e quando vier alguma dificuldade diremos: "Quero mudar esta situação a partir de mim, e a minha família e os meus irmãos estarão a meu lado".

*A verdadeira felicidade
é fruto da vida em família.*

Entusiasmo pela vida

O amor à vida é necessário para prosseguir, de modo vigoroso, em qualquer empreendimento. O prazer e a alegria de viver não podem ser esquecidos e de modo algum substituídos pela tristeza ou melancolia. Vamos tentar refletir o imenso céu azul nas águas estagnadas do nosso cotidiano muitas vezes monótono e sem sentido. Importa colocar entusiasmo, alegria e otimismo, pois Deus está ao nosso lado.

O segredo do sucesso
é nunca perder o entusiasmo.

Despertar para a luta

Sempre podemos mudar, porque a força e a coragem estão dentro de nós. O despertar para a luta se inicia no momento em que nos libertamos de tudo o que nos perturba, atrapalha e não deixa que a planta da vida cresça dentro de nós.

A oração e a confiança em Deus nos colocarão em ação e nos ajudarão a encontrar momentos de paz e de clareza para seguir adiante.

Quem tem confiança em si
não desiste nunca.

Sorrir para a vida

Com um rosto sorridente duplicamos as nossas capacidades. O bom humor derruba barreiras, cura males da mente e do corpo, aquece a vida e atrai amizades.

Sorrir para as pessoas, para nós mesmos e para cada manhã que se abre no horizonte é sorrir para todos, pois o sorriso é uma linguagem universal.

*Uma alegria
vale mil tristezas.*

Momento presente

Vivemos o passado nas suas recordações e o futuro na espera daquilo que acontecerá. O passado e o futuro são inexistentes e não têm acesso à eternidade. É no presente que podemos atingir a plenitude e viver dando o melhor de nós mesmos. É no momento presente que se anuncia a aventura da esperança. A nossa riqueza é o presente. Ele é realmente a chance de darmos o melhor de nós, na confiança daquele no qual depositamos a nossa fé: "Sei em quem acreditei", disse Paulo.

Viver o presente enchendo-o de amor
é a melhor maneira de vivê-lo.

Amar todas as pessoas

Madre Teresa de Calcutá também dizia que para amar uma pessoa é necessário que ela esteja próxima de nós: "Não cuideis das multidões, mas somente das pessoas". Amar o nosso semelhante significa partilhar de suas alegrias e dores; aprender a aceitá-las como são. O amor vence tudo. Quando o amor é verdadeiro, suscita como resposta também o amor. Então você ama e é amado, apesar de o amor não esperar recompensa.

O amor de Jesus deve se manifestar em nós com todas as dimensões: largura, comprimento, altura e profundidade, segundo São Paulo (cf. Ef 3,18-19). Jesus deu tudo de si até poder dizer na cruz: "Tudo está consumado" (Jo 19,30).

Nada é pequeno
no amor.

Nos momentos difíceis

Quantos de nós já não passamos por momentos muito difíceis e complicados, algumas vezes por situações diferentes: não nos sentimos compreendidos; somos traídos e enganados; temos dores que não passam com remédio algum; noites mal dormidas ou de insônia na vigília de uma pessoa da família que estava doente; crises causadas por problemas financeiros, entre outras? Tudo isso vai nos esgotando e diminuindo nossas energias se não contarmos com a graça de Deus, que é maior do que todas essas dificuldades.

Esses momentos não irão durar sempre, por isso é bom melhorar nossa qualidade de vida integrando tais acontecimentos que chegam de surpresa, entregando-os ao Criador.

Viva cada dia
como se fosse o último.

Acolher a dor

Valorizar toda dor, unindo-a à de Jesus, significa participar da sua luz, da sua paz e, sobretudo, de sua consolação. Jesus diz: "Se o grão de trigo que cair na terra não morrer, ficará só, mas se morrer produzirá muitos frutos" (Jo 12,24). A dor acolhida, oferecida, integrada, é a melhor experiência. Não a afastemos de nós. O apóstolo Paulo também se expressou a respeito: "À medida que os sofrimentos de Cristo crescem em nós, cresce também a nossa consolação por Cristo" (2Cor 1,5).

Uma parte essencial da nossa vida é curar essa dor, pois será um dos meios de nos tornarmos capazes de amar a nós mesmos e a outras pessoas.

*Cada lágrima
ensina uma verdade.*

Saudade de quem nos deixou

O nosso coração fica machucado, cansado, sofrido, sobretudo experimentamos muita saudade de quem nos deixou. No entanto, a esperança em Deus nos dá a certeza de que tudo neste mundo é passageiro e que um dia não haverá mais sofrimento, segundo a narrativa do livro do Apocalipse: "Ele enxugará toda lágrima dos seus olhos. A morte não existirá mais e não mais haverá luto, nem grito, nem dor, porque as coisas anteriores passaram" (Ap 21,4). Por isso, coragem, Deus está a seu lado, e com mais carinho nesta hora de dor.

*O luto ajuda a compreender
o ciclo da vida.*

Interessar-nos pelos outros

As pessoas com as quais convivemos formam uma rede de relações conosco. Algumas vezes, porém, temos ideias falsas a respeito delas, prejudicando o nosso relacionamento com elas. Como é bom quando alguém se interessa por nós, conversa em profundidade conosco, sabe os nossos gostos e aspirações profundas.

O salmista reza: "Senhor, tu me examinas e me conheces, sabes quando me sento e quando me levanto; de longe penetras o meu pensamento [...]" (cf. Sl 139[138],1-3). Aceitar as pessoas como são e aceitá-las no seu jeito original de ser e de expressar-se é uma grande sabedoria de vida que muitas vezes não deixa de ser difícil. Mas vale a pena entrar nesta aventura.

Aceitar os outros como são
é sabedoria.

Doação feliz

Não é bom ficar sempre lembrando o passado, sobretudo quando algo deixou de ser feito. Aproveite o tempo para fazer o que ainda pode ser feito, descobrindo o verdadeiro sentido da existência. Muitas pessoas se tornaram felizes e realizadas porque começaram a esquecer um pouco de si, trocando seu egoísmo, para dedicar-se aos outros.

Francisco de Assis renunciou à fortuna do seu pai pela herança do Reino dos Céus. Maximiliano Kolbe tombou no campo de concentração no lugar de um pai de família que estava desesperado porque desejava ajudar seus filhos.

Muitas pessoas são heroínas reservando somente a Deus o segredo de terem feito algo por seus semelhantes.

A doação aos irmãos
é um segredo de felicidade.

Mãe, presente de Deus!

Eu gosto de pensar na minha mãe, Hilária, que faleceu anciã, rodeada do carinho de toda a família. Uma pessoa amável, cheia de Deus, aceitando sempre a vida como ela se apresentava até o fim. Os últimos anos de sua vida ela os viveu numa grande intimidade com Deus. A mãe tem uma missão inexplicável: trazer dentro de si um outro ser e entregá-lo ao mundo para que cumpra a sua missão.

A mãe é incansável, boa, sabe quando deve falar e quando deve calar. Ela é uma estrela que, com o seu modo de ser, aponta o caminho para onde devemos ir. Verdadeiro presente de Deus, movimenta toda a família, embora muitas vezes esteja sofrendo. Não se lamenta e nada lhe custa, pois, apesar dos limites, sua vida é movida pelo amor.

A mãe abraça a vida
como um presente.

A nossa fé cura

Em suas andanças pelas cidades da Palestina, muitas vezes Jesus se deparou com pessoas doentes. Ele sempre fazia a mesma pergunta aos que o procuravam: "O que você quer que eu lhe faça?". As respostas eram sempre pedidos de cura. Aí ele dizia: "Você tem fé e acredita que eu posso curar você? Então seja feito segundo a sua fé" (cf. Mt 9,27-30).

Quando a mulher disse a Jesus que ninguém tinha conseguido curá-la, ele lhe disse: "Minha filha, a tua fé te curou. Vai em paz" (cf. Lc 8,43-48).

A fé nos ajuda na libertação de sentimentos de mágoa, revolta, rancor, e reforça em nós o amor, a misericórdia e o perdão. Esses sentimentos positivos podem curar-nos em profundidade.

Pensamentos positivos colaboram
para nossa cura.

Necessidade da oração

Já falamos anteriormente sobre a necessidade da oração, mas nunca é demais repetir. Estamos cercados de notícias de mortes, violência, assaltos e sequestros. A vida está ficando mais difícil de ser vivida hoje. Neste clima de insegurança e muitas vezes de medo, temos necessidade de falar mais com Deus, pois ele nos transmite muita força, muita luz, sobretudo coragem para enfrentarmos essas e outras situações. Antes de sair de casa, reze esta pequena oração: "O Senhor é minha luz e minha salvação, de quem terei medo? Ele é a fortaleza da minha vida, diante de quem tremerei? (cf. Sl 27[26],1). "Do profundo do abismo, clamo a ti Senhor, ouve-me, por misericórdia. Abre os teus ouvidos ao clamor de minha prece e vem em meu socorro [...]" (cf. Sl 130[129]).

O Senhor está sempre em nossa companhia.

Crianças

Com o nascimento de uma criança no mundo, renasce a esperança. As crianças são as nossas mensagens vivas remetidas a uma época que não veremos.

Conheci uma criancinha frágil que nasceu prematura e era alimentada por uma sonda com o leite materno. Todo esse carinho, unido ao amor dos pais, aos poucos foi salvando o Arturzinho, até que chegou o momento de poderem levá-lo para casa. Tudo se voltava para o frágil ser que fora salvo por causa do amor, do cuidado e do carinho.

Uma criança sempre nos encanta e eleva o nosso pensamento até Deus para agradecer a maravilha que ele criou.

As crianças nos levam
a rezar e agradecer.

Opinião dos outros

A nossa vida é feita de muitas coisas bonitas, mas também de alguns momentos mais difíceis. E por que vamos nos desesperar por causa deles?

Gosto muito de ler, e numa das leituras que fiz sobre Steve Jobs (1955-2011) deparei-me com um texto que dizia: "Todos temos problemas, o incrível é o seu sorriso, feliz pelo que está fazendo e tentando, onde conseguiu chegar. Seu tempo é limitado, então não perca tempo vivendo a vida do outro. Não seja aprisionado pelo dogma – que é viver com os resultados do pensamento de outras pessoas. Não deixe o barulho da opinião dos outros abafar sua voz interior. E o mais importante, tenha coragem de seguir seu coração e sua intuição. Eles de alguma forma já sabem o que você realmente quer se tornar. Tudo o mais é secundário".

Cada qual tem a sua vida, e somos nós que iremos prestar contas a Deus da nossa vida.

Não permita que a opinião dos outros abale sua vida.

Descoberta do amor

O grande mestre Mahatma Gandhi nos deixou mensagens muito sábias. Numa delas assim se expressou: "Pegue um raio de sol e faça-o voar lá onde reina a noite; descubra uma fonte e faça banhar-se quem vive no lodo; pegue uma lágrima e ponha-a no rosto de quem jamais chorou; pegue um sorriso e doe-o a quem jamais o teve; pegue a coragem e coloque-a no ânimo de quem não sabe lutar; descubra a vida e narre-a a quem não sabe entendê-la; pegue a esperança e viva na sua luz; pegue a bondade e doe-a a quem não sabe doar; descubra o amor e faça-o conhecer ao mundo".

A experiência mais bela que você pode fazer é ajudar uma pessoa a prosseguir no caminho, olhando para Deus, descobrindo nele forças e coragem para prosseguir. Abra o livro dos Salmos e reze com o salmista: "O Senhor é minha luz [...] O Senhor é quem defende minha vida" (cf. Sl 27[26],1).

*Pegue a coragem e o amor
e os entregue a alguém.*

Relaxamento mental

Todos nós conhecemos a palavra *hobby*, e ela nos fala do cultivo e desenvolvimento de nosso dom artístico, criativo, para fugir da rotina do cotidiano.

Digamos que hoje é o seu dia de folga. Visite alguma pessoa doente ou necessitada do seu amor e depois disso vá a um jardim, contemple as maravilhas que o Criador fez para alegrar o seu coração.

Cultivar *hobbies* é desenvolver o seu dom artístico, descobrir o que pode renovar as suas energias perdidas ou enfraquecidas. Isso lhe fará muito bem.

Pegue um livro e procure relaxar, lendo-o atentamente. Todos nós estamos sufocamos com os deveres e as obrigações e uma parada dessas refaz nossas forças para um recomeço mais feliz. Cada dia mais feliz pode ser a sua meta e dependerá de você buscar a felicidade que pode ser encontrada de tantas maneiras.

Deus fez tantas coisas
bonitas para nós!

Contemplação

Hoje, existe muito barulho e informação ao nosso redor, por isso temos mais dificuldades para a concentração e a contemplação.

Contemplar a Deus e ser por ele contemplado, no silêncio do seu ser, dá um sentido diferente à nossa existência. Como é bom entrar no deserto de nós mesmos, onde a prece ocorre no total silêncio.

Nessa contemplação, feita com toda calma, paz e serenidade, mantenha uma atitude de silêncio profundo a fim de que as rugas de seu rosto preocupado sejam dissolvidas com a maturidade da experiência com Deus.

Contemplar é olhar atenta e cuidadosamente dentro de nós mesmos, em silêncio, para chegar ao encontro profundo com Deus. Ele fala no silêncio do nosso coração.

É uma experiência incomparável tomar um mantra ou a frase de um Salmo e ficar repetindo-o até que se encarne em nós.

*Calemos as vozes interiores
para contemplar.*

Repousar em Deus

O objetivo da contemplação e de outras práticas de encontro consigo mesmo é reconhecer os momentos de silêncio que existem na mente e perceber o ponto em que o pensamento começa a deixar o particular e abraça a totalidade das coisas, para chegar a Deus. Por isso, deixe sua mente repousar em Deus.

Silenciar o interior reanima nossas forças físicas, além de nos proporcionar uma grande paz interior. Você conhece o Salmo 62(61)? Reze-o comigo: "Só em Deus repousa a minha alma; dele vem a minha salvação. [...] Só em Deus repousa, ó minha alma, pois dele vem minha esperança" (Sl 62[61],2.6). Deus é o nosso refúgio e a nossa proteção!

Precisamos de um profundo silêncio para repousar em Deus. Você conseguirá, entregando-lhe todas as suas preocupações, limites, como também seu desejo de crescer interiormente, de melhorar o seu relacionamento com os irmãos em sua casa e no trabalho. Vamos experimentar hoje?

O silêncio reanima
nossas energias.

Sofrimento

Se observarmos as palavras do escritor Michel Quoist, veremos que ele já escrevia sobre o sofrimento: "O sofrimento é uma travessia da noite para chegarmos à luz".

Se você está sofrendo, por exemplo, por uma incompreensão, por um problema familiar, ou, ainda, por um desentendimento, pela falta de emprego, pela solidão, pela depressão, ou por outros problemas, fale com Deus. Abra-lhe o seu coração com toda a confiança e permaneça alguns instantes a sós com ele. Jamais você sairá desse encontro desamparado.

Conheci uma pessoa que durante seis anos passou por um sofrimento atroz, e o que lhe dava forças era a oração. Finalmente operada e aliviada da dor, ela me disse: "Só aguentei aquelas fortes dores porque busquei sempre a força que vem de Deus". Ela tinha certeza de que um dia a sua oração seria atendida. Agora só lhe resta agradecer sempre!

*O sofrimento
amadurece o ser humano.*

Hoje

Conversando com as pessoas, já tive oportunidade de ouvir palavras como "seria bom se hoje fosse o último dia da minha vida". E se pensássemos diferente: como seria bom se hoje fosse o primeiro dia da minha vida?

O progresso nos traz tantas coisas novas, mas não é só isso: a qualidade de vida, o relacionamento, as descobertas que fazemos ao nosso redor na convivência, o desejo de ajudar pessoas necessitadas, não são novidades que podem aumentar a nossa vontade de viver? Estar ao lado de alguém que precisa de nosso apoio, que necessita de uma boa palavra, de um gesto de carinho, pode ser uma das grandes descobertas para sermos mais felizes.

Hoje, só hoje, tenho a oportunidade de fazer o bem, de ser mais feliz, de terminar uma conversa importante com alguém, de corrigir alguma atitude que fere as outras pessoas. Fernando Pessoa tem uma frase decisiva: "Hoje tomei a decisão de ser eu".

Quero viver hoje
o momento presente.

Saber envelhecer

Como é bonito saber encarar a nossa vida e aceitá-la como ela se apresenta. E quando você menos perceber, estará entrando na terceira idade.

Uma amiga me dizia: "Procuro, todos os dias, colocar a cabeça no lugar; alimento-a com sonhos e alegrias; com pensamentos positivos e otimistas naquilo que depende de mim; procuro diálogos profundos com o Deus da vida".

Tento equilibrar corpo e mente porque eles caminham lado a lado. Lágrimas, tristezas, dores? Também fazem parte da história.

Rezando um salmo bíblico, encontrei uma palavra de sabedoria: "Esperei firmemente no Senhor e ele se inclinou para mim, atendendo a minha súplica. [...] Não escondi tua graça e tua fidelidade à grande assembleia" (cf. Sl 40[39],1.11).

Olhar a vida de frente
nos torna gigantes no amor.

Crescimento interior

Hoje você tem mais uma oportunidade para crescer, para dedicar-se às pessoas.

Um dia, quando eu me dirigia para o trabalho, passei por uma igreja e deu-me vontade de entrar. Havia uma jovem rezando com a Bíblia aberta e ela me perguntou se eu desejava rezar com a Bíblia. Eu respondi afirmativamente. Abrindo a Bíblia, meus olhos viram estas palavras: "Quando te invoquei, me respondeste, aumentaste em mim a força. [...] Se ando no meio da angústia, tu me conservas a vida; contra a ira dos inimigos me estendes a mão e a tua mão direita me salva" (Sl 138[137],3.7).

A jovem me contou que estava rezando para que Deus a iluminasse para tomar uma decisão a respeito do namorado. Disse, ainda, que um sacerdote lhe dera o conselho de rezar todos os dias e que Deus lhe mostraria o que fazer diante da situação. Fiquei encantada ao ver a segurança e a firmeza de suas palavras e prometi rezar por ela.

Aproveitemos as oportunidades
para rezar.

Ver o bem e o belo

A confiança e a esperança são forças invisíveis que dão sentido à vida. Confiar em nós próprios, fazer da esperança uma possibilidade de crescimento, significa aceitar as mudanças da vida, enfrentando as incertezas de uma maneira positiva.

Mahatma Gandhi dizia: "Mantenha seus pensamentos positivos, porque seus pensamentos tornam-se palavras. Mantenha suas atitudes positivas, porque atitudes tornam-se hábito. Mantenha seus hábitos positivos, porque eles se tornarão valores. Positivo atrai positivo. Alegria chama alegria".

Conheço pessoas doentes que já me deram tantos exemplos de ternura e coragem para enfrentar a vida, que fiquei edificada.

Nossa capacidade interior de ver o lado bom e belo da vida forja-se no constante exercício. Não deixemos um dia sequer de olhar o bem ao nosso redor, caso contrário, a vida se arrasta a nossos pés e os outros sentem o peso da nossa luta.

*Mantenha sempre
seu otimismo.*

Amar-nos de verdade

Como é bom livrar-se de tudo o que não é saudável e que nos leva para baixo. Amar-se de verdade significa não se importar quando alguém fala de nós.

"Eu fui mais forte quando aceitei e ri das minhas fraquezas", disse Elenir Diktomus.

Descobrir os nossos valores e ver os pontos que precisam ser trabalhados é uma grande virtude que se chama equilíbrio.

Duas mulheres me impressionaram com suas palavras. Disse Anne Frank: "Aquele que é equilibrado espalha felicidade. Aquele que teima na infelicidade, que perde o equilíbrio e a confiança, perde-se na vida".

E Clarice Lispector tem uma frase conclusiva: "Vivo de esboços não acabados e vacilantes. Mas equilibro-me como posso, entre mim e eu, entre mim e os homens, entre mim e Deus".

Amar de verdade
é encontrar o devido equilíbrio.

Pérolas

Vale a pena pensar na formação de uma pérola. Ela começa a se formar quando um grão de areia vai para dentro da ostra, causando lhe uma grande irritação. A ostra, por sua vez, como defesa, libera uma substância chamada nácar, que se deposita ao redor do grão. As camadas de nácar que se depositam ao redor do grão vão formando uma substância lisa e compacta. Após meses e até anos desse processo, a pérola é formada e se torna a maravilha que podemos ver.

Você é uma pérola preciosa de Deus, e ele vai formando você aos poucos.

Deus tem um plano de amor para você. A resposta depende de você. É só dizer "sim" ao Criador que ele realiza esta obra-prima e cada dia faz com que você cresça em sabedoria, virtude, abertura aos irmãos, para que a sua graça continue acontecendo. O tema me fascina muito, por isso o estou sugerindo para você hoje!

*Você é uma
pérola de Deus.*

Amigo é um só

Na canção "Coração de Estudante", uma das mais belas de Milton Nascimento, ele fala dos amigos, dizendo: "Amigo é coisa pra se guardar debaixo de sete chaves...".

Realmente, os amigos de verdade são poucos. Nós os encontramos no decorrer de nossa vida e percebemos a sua maturidade. A partir daí, começamos a confiar neles e eles em nós.

São poucos, porque o amigo de verdade, no dizer de Henri Nouwen, "é aquele que permanece em silêncio ao nosso lado, num momento em que nos sentimos desesperados e confusos; que fica ao nosso lado em um momento de dor; e que aceita a ideia de não saber, não curar, e nos faz ver a realidade de nossa impotência, este é o amigo que realmente nos quer bem".

Refletindo sobre a amizade, cheguei à conclusão de que amor e amizade não são a mesma coisa, porque o amor se realiza na amizade humana e a amizade se encarna amando os demais.

Amigos são aqueles que nos respeitam,
ouvem e aceitam.

Ser cristãos

O que nos faz ser cristãos é o Batismo. Ser coerente ou não depende de nós. Ao longo da vida vivemos ou não de acordo com a Palavra que meditamos todos os dias, e que nos é oferecida pela Igreja.

A nossa vida é tão relativa. Ser uma pessoa correta e boa também faz parte da vida de um cristão. As palavras e o discurso podem comover, mas viver o que prometemos depende de cada um de nós. Os filhos olham o modo de proceder de seus pais e quando são sal da terra e luz do mundo é realmente uma grande bênção.

Eu estava numa condução e uma pessoa começou a me perguntar: "A senhora conhece a Bíblia? Sabe por quê? Eu amo muito a Bíblia e a leio todos os dias. Uma vez a gente não podia ler a Bíblia, mas agora ela me acompanha sempre". Fiquei muito feliz ao ouvir essas palavras, e a nossa conversa prosseguiu até que eu descesse do ônibus.

*A Palavra de Deus
é o nosso alimento cotidiano.*

Agradecer sempre

Iniciamos esta obra com as palavras "dar graças" e a encerramos com o tema do agradecimento, pois, por mais que agradeçamos, sempre é pouco em vista de tudo o que recebemos.

Tenho uma amiguinha que sofreu um grave acidente automobilístico. Ao vê-la tão feliz e realizada, perguntei: "Como você pode ser tão alegre, otimista e feliz estando em uma cadeira de rodas?". Ela me surpreendeu com sua resposta, quase chamando a minha atenção, e disse: "Sabe, amiga, foi difícil encarar. Mas encontrei tantas pessoas boas que me ajudaram que nem me lembro que estou em uma cadeira de rodas. E tem mais: estudei artes, música, fiz pós-graduação em Ciências Religiosas, posso falar, cantar, tocar flauta e muitas coisas mais. Sou agradecida a Deus por todas estas oportunidades".

Agradecer é o mais nobre sentimento de uma pessoa.

Sumário

Apresentação...5

Dar graças..7

Amanhecer...8

Abrir-se ao novo..9

Superar momentos difíceis...........................10

Autoestima..11

Família...12

Liderar a própria vida..................................13

Bondade...14

Atitude otimista...15

Saber perdoar..16

Mãos abençoadas..17

O melhor presente.......................................19

Querer é poder..20

Acreditar na vida...21

Liberdade..22

Ouvir os outros...23

Descansar..24

Espiritualidade..25

Alegria 26

Tolerância 27

Saber agradecer 28

Aniversário 29

Nossos pais 30

Falar e calar 31

Não importa a idade 33

Dever e viver 34

Ecologia 35

Viver sem exigir nada 36

Medo ou fracasso? 37

Depende de mim 38

Bom humor 39

Aceitar o próprio erro 40

Pressa e paciência 41

O sorriso liberta 42

Louvores de um ancião 43

A solidão 45

Por quc rezar 46

Sorrir para a vida 47

Lutar sempre 48

Respeitar e amar 49

Viver bem 50

Ser feliz 51

Humildade 52

Emocionar-se com a natureza 53

Deus nos fala hoje 54

Ser bondoso 55

Começar bem o dia 57

Acreditar 58

Cada dia melhor 59

Permanecer jovem 60

Autovalorização 61

Serenidade 62

Sofrimento enfrentado 63

Coragem para mudar 64

Amizade 65

Amor verdadeiro 66

Paciência 67

Persistência 69

Coragem para recomeçar 70

Vencer o temor 71

Amizade 72

Como é bom ter irmãos 73

Entusiasmo pela vida 74

Despertar para a luta 75

Sorrir para a vida 76

Momento presente 77

Amar todas as pessoas 78

Nos momentos difíceis 79

Acolher a dor 80

Saudade de quem nos deixou 81

Interessar-nos pelos outros 83

Doação feliz 84

Mãe, presente de Deus! 85

A nossa fé cura 86

Necessidade da oração 87

Crianças 88

Opinião dos outros 89

Descoberta do amor 90

Relaxamento mental 91

Contemplação 92

Repousar em Deus 93

Sofrimento...95

Hoje..96

Saber envelhecer..97

Crescimento interior 98

Ver o bem e o belo..99

Amar-nos de verdade...100

Pérolas..101

Amigo é um só 102

Ser cristãos..103

Agradecer sempre...104

Rua Dona Inácia Uchoa, 62
04110-020 – São Paulo – SP (Brasil)
Tel.: (11) 2125-3500
http://www.paulinas.com.br – editora@paulinas.com.br
Telemarketing e SAC: 0800-7010081